01/06

D0463220

BIBLIOTECA DE LA IMAGINACIÓN

ARAÑAS
peligrosas

Arañas
viudas negras

Eric Ethan

Gareth Stevens Publishing

A WORLD ALMANAC EDUCATION GROUP COMPANY

Please visit our web site at: www.garethstevens.com
For a free color catalog describing Gareth Stevens Publishing's
list of high-quality books and multimedia programs,
call 1-800-542-2595 (USA) or 1-800-387-3178 (Canada).
Gareth Stevens Publishing's fax: (414) 332-3567.

Library of Congress Cataloging-in-Publication Data available upon request from publisher.
Fax (414) 336-0157 for the attention of the Publishing Records Department.

ISBN 0-8368-3776-2

First published in 2004 by
Gareth Stevens Publishing
A World Almanac Education Group Company
330 West Olive Street, Suite 100
Milwaukee, WI 53212 USA

Text: Eric Ethan
Cover design and page layout: Scott M. Krall
Text editor: Susan Ashley
Series editor: Dorothy L. Gibbs
Picture research: Todtri Book Publishers
Translation: Tatiana Acosta and Guillermo Gutiérrez

Photo credits: Cover © Ron Austing; pp. 5, 7, 9, 11, 17 © James H. Robinson; pp. 13, 19
© A. B. Sheldon; p. 15 © Bill Beatty; p. 21 © James E. Gerholdt

Printed in the United States of America

1 2 3 4 5 6 7 8 9 07 06 05 04 03

**Portada: La marca roja con forma de reloj
de arena en el abdomen de una hembra de
viuda negra indica ¡PELIGRO!**

CONTENIDO

Las palabras del glosario van en **negrita** la primera vez que aparecen en el texto.

LAS VIUDAS NEGRAS

Cuando se trata de viudas negras, ¡cuidado con las hembras!

Las hembras de viuda negra son muy peligrosas. Son las arañas más venenosas de América del Norte. Su **veneno** es quince veces más potente que el de una serpiente de cascabel.

El nombre "viuda negra" hace referencia al color de la hembra y al hecho de que las hembras, a veces, se comen a los machos. Cuando esto ocurre, suele ser por error. Las hembras de viuda negra tienen una vista muy mala, y a veces confunden con algo comestible a los machos que acuden a sus telarañas para **aparearse** con ellas.

El macho de viuda negra es mucho más pequeño que la hembra. Se piensa que los machos son inofensivos, porque no se conocen casos de picaduras a seres humanos.

SU DESARROLLO

Aunque una hembra puede llegar a vivir un año y medio, los machos suelen morir entre uno y dos meses después de alcanzar su pleno desarrollo. Durante su corta vida, la principal tarea de un macho es aparearse con las hembras. Después del apareamiento, el macho abandona la telaraña de la hembra, y ésta se prepara para poner los huevos.

Una hembra de viuda negra pone cientos de huevos en cada puesta. Envuelve los huevos en bolas, o sacos, de seda. Uno de estos sacos puede contener más de cien huevos. La araña cuelga los sacos en su telaraña y los vigila hasta que los huevos están listos para abrirse.

Esta hembra de viuda negra está vigilando un saco de huevos. El saco, que contiene más de cien huevos, es casi tan grande como el cuerpo de la araña.

Las crías de viuda negra salen, aproximadamente, a los veinte días. Al nacer son de color claro, por lo general amarillo, blanco o anaranjado rojizo. El color se va oscureciendo durante un proceso llamado **muda**. La envoltura o **caparazón** que recubre el cuerpo de una araña no crece con el animal. En la muda, la envoltura se abre, la araña sale, y se forma una nueva envoltura. Una cría muda su piel varias veces. En cada una, su color se va oscureciendo.

A los tres meses, aproximadamente, las crías alcanzan su pleno desarrollo. Sin embargo, de los cientos de crías que salen de cada saco, sólo una de cada doce alcanza la edad adulta. Los insectos se las comen y, a veces, si no encuentran otro alimento, las crías se comen unas a otras.

Este saco abierto muestra la cantidad de huevos que puede contener. Los huevos parecen pequeñas perlas. ¡Algunos de ellos ya se han abierto!

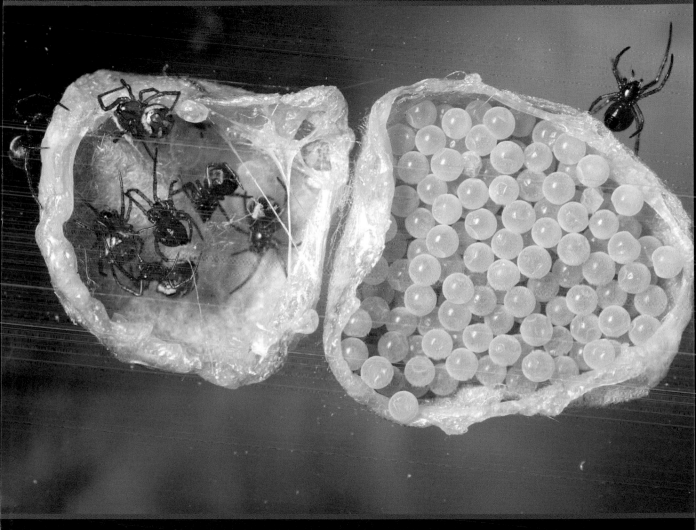

DÓNDE VIVEN

Las viudas negras son las arañas venenosas más extendidas en América del Norte. Es posible encontrarlas en casi todos los estados, y por el norte las hay incluso en el sur de Canadá. Estas arañas prefieren los climas cálidos, así que son más comunes en la mitad sur de Estados Unidos.

A las viudas negras no les gusta que las molesten. Sus telarañas suelen estar cerca del suelo, en lugares oscuros y protegidos como, por ejemplo, debajo de rocas o porches, o dentro de sótanos o cobertizos.

La viuda del norte, que también tiene una marca roja con forma de reloj de arena, está emparentada con la viuda negra. Por lo general, vive en los estados del Este.

SUS TELARAÑAS

Como la mayoría de las arañas, las viudas negras hacen telarañas con la seda que producen. La seda sale de unas pequeñas aberturas llamadas **hileras**. Estas aberturas están situadas en la parte trasera del abdomen de la araña. La seda de una viuda negra es más fuerte que la de la mayoría de las arañas.

Hay varios tipos de telarañas. Las viudas negras tejen telarañas irregulares. Otro tipo de telaraña es la orbicular. Una telaraña orbicular es redondeada. La telaraña de la viuda negra no tiene una forma o diseño determinados. Parece una maraña de hilos. Cuando la viuda negra teje su telaraña, usa unos pelos con forma de peine que tiene al final de las patas traseras para tirar de la seda y darle forma.

Una viuda negra empieza a tejer su tela con un solo hilo de seda. El hilo sale de una hilera en el abdomen de la araña.

EN BUSCA DE COMIDA

Las viudas negras no salen de caza. Se esconden en sus telarañas y esperan a que la comida les llegue. Como su vista es mala, dependen de la sensibilidad de sus patas para saber si se acerca una **presa**.

Cuando un insecto cae en la telaraña de una viuda negra, la araña siente la vibración con sus patas. Entonces corre hacia el insecto para picarlo. Después, para asegurarse de que la presa no puede escapar, la araña envuelve al insecto en seda. La viuda negra vuelve a picar al insecto y le **inyecta** su veneno. El veneno no sólo mata al insecto, sino que convierte sus tejidos en un líquido que la araña puede "beberse".

Esta viuda negra ha atrapado a una oruga muy grande para la cena. Los insectos son el alimento favorito de una viuda negra.

SU PICADURA

La viuda negra tiene un veneno potente. Por fortuna, sólo inyecta una pequeña cantidad con cada picadura. Es suficiente para matar a un insecto, pero en raras ocasiones basta para matar a una persona. Aun así, su picadura puede ser dolorosa y hacer que una persona se sienta muy enferma. El veneno ataca al sistema nervioso, que controla los músculos y órganos de una persona, incluyendo el corazón y los pulmones. Quien haya sufrido su picadura debe buscar atención médica de inmediato. Un **antídoto** puede contrarrestar el veneno de esta araña.

Aunque las hembras de viuda negra son peligrosas, estas arañas no van buscando a la gente para picarla. Es raro que abandonen sus telarañas, y sólo pican si se sienten amenazadas o si sus huevos corren peligro.

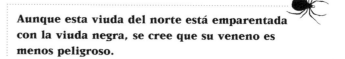

Aunque esta viuda del norte está emparentada con la viuda negra, se cree que su veneno es menos peligroso.

SUS ENEMIGOS

Gracias a su venenosa picadura, la viuda negra no tiene muchos enemigos. Los más peligrosos son las avispas cazadoras y los seres humanos. Cuando la gente ve a una viuda negra, por lo general suele matarla. Las avispas cazadoras, por otro lado, no matan a las viudas negras—al menos no en seguida.

Cuando una avispa cazadora atrapa a una viuda negra, la **paraliza** con su picadura. La araña sigue viva, pero no puede moverse. Entonces, la avispa se lleva a su nido a la araña y la coloca en una **celdilla** de barro. Esta celdilla contiene uno de los huevos de la avispa. Cuando el huevo se abre, ¡la indefensa araña se convierte en alimento de la cría de avispa!

Las viudas negras suelen encontrarse entre pilas de madera. Pero mucha gente sólo ve a la araña DESPUÉS de sentir su picadura.

AMPLÍA TUS CONOCIMIENTOS

Libros   *Asombrosas arañas*. Alexandra Parsons (Editorial Bruño)

El fascinante mundo de las arañas. Maria Àngels Julivert (Parramón Editores)

Las arañas. Robert Raven (Editorial Könemann)

Las arañas. Serie Investigate (Random House Australia)

Guía de Naturaleza: Insectos y arácnidos. (Editorial Blume)

Bichos, arañas y serpientes. Ken Preston-Mafham, Nigel Marven y Rob Harvey (LIBSA)

PÁGINAS WEB

Las páginas web cambian con frecuencia, y es posible que alguna de las que te recomendamos aquí ya no esté disponible. Para conseguir más información sobre las viudas negras, puedes usar un buen buscador como **Yahooligans!** [www.yahooligans.com] o Google [www.google.com]. Aquí tienes algunas palabras clave que te pueden ayudar en la búsqueda: viudas negras, arañas venenosas, picaduras de araña, arañas.

http://iibce.edu.uy/difusion/
Además de información sobre distintos tipos de arañas, esta página incluye fotografías y consejos para recolectar y criar estos animales. Está bien organizada y te resultará muy divertida.

http://www.geocities.com/SoHo/1700/spider.html
Esta página usa un lenguaje un poco más técnico que otras, pero la información está bien organizada y contiene una sección sobre las viudas negras. Algunos de los temas que incluye son: estructura, seda, veneno y reproducción de las arañas.

http://www.familia.cl/familia/animales/insectos/arana1.asp
Visita esta página para conocer datos de distintas arañas. Podrás ver fotos de la mortífera araña de tela en embudo australiana y la venenosa viuda negra, entre otras.

http://www2.texashealth.org/ESP/drtango/healthcenters/childsafety/outdoor_safety/ency/black%20widow%20spider/blackwidow.htm
Artículo de una serie que contiene información sobre la mordedura de la viuda negra. Explica cómo podemos evitar que nos pique esta araña, así como los síntomas de su mordedura y su tratamiento. Incluye una lista de preguntas frecuentes con sus respectivas respuestas.

GLOSARIO

Puedes encontrar estos términos en las páginas que aparecen tras cada definición. Leer la palabra dentro de una oración te ayudará a entenderla mejor.

abdomen — parte trasera del cuerpo de una araña, en la que se encuentran las hileras, los huevos, el corazón, los pulmones y otros órganos 2, 6, 14

antídoto — tipo de medicamento que impide que el veneno provoque dolor, enfermedades o la muerte 18

aparearse — unirse un macho y una hembra de la misma especie para tener crías 4, 8

caparazón — recubrimiento duro que protege el cuerpo de un animal y sus órganos 10

cefalotórax — parte delantera del cuerpo de una araña, a la que se unen las ocho patas del animal 6

celdilla — agujero o abertura pequeña 20

hileras — órganos con forma de dedos, situados en la parte trasera del abdomen de una araña, que el animal usa para producir seda 14

inyectar — meter a presión un líquido en los tejidos corporales usando un objeto puntiagudo como una aguja 16, 18

muda — eliminación de una capa externa del cuerpo, como la piel, para que aparezca una nueva 10

paralizar — impedir el movimiento 20

presa — animal que sirve de alimento a otro animal 16

veneno — sustancia tóxica que un animal produce en su cuerpo y que transmite a su víctima por medio de una picadura o mordedura 4, 16, 18

ÍNDICE